10 STEP

7단계

가장 위대한 도전 - 전도

순출판사
CCC 한국대학생선교회

7단계 가장 위대한 도전 - 전도

1985년 2월 28일 초판 발행
2013년 6월 24일 개정판 1쇄 발행
2024년 11월 15일 개정판 5쇄 발행

지 은 이 빌 브라이트
발 행 처 순출판사
감　　수 미래사역연구소
디 자 인 아이엠크리에이티브
일러스트 아이엠크리에이티브
주　　소 서울시 종로구 백석동 1가길 2-8
전　　화 02)722-6931~2 팩　스 02)722-6933
인 터 넷 http://www.kccc.org
등록번호 제 2020-000159호

값 2,500원
ISBN 978-89-389-0269-6

책 내용과 관련된 문의는 한국대학생선교회_미래사역연구소 (02-397-6269)로 문의 바랍니다.

CCC 10단계 성경교재

〈개정판〉

그리스도인은 날마다 영적으로 성장해야 합니다. 그리스도인이 성숙할수록 주님의 은혜를 더욱 풍성히 누리고 또 세상에서 주님을 위해 영향력 있는 삶을 살 수 있습니다.

CCC 10단계 성경교재〈개정판〉은 영적 성장에 필요한 하나님 말씀의 기본적이고 핵심적인 내용들을 담고 있습니다. 이 책을 공부하면 성경에 대한 지식과 중요한 교리뿐만 아니라 기독교 신앙의 광범위한 개관을 체계적으로 알 수 있으며 그리스도인의 삶의 특성과 그리스도인의 특권과 책임에 대해서도 배울 수 있습니다. 또한 나 자신의 영적 성장만 아니라 다른 사람을 그리스도에게 인도하거나 그의 믿음이 성장하도록 도울 수 있습니다.

이 교재는 중·고등학생에서부터 대학생과 성인, 모두가 사용할 수 있으며, 혼자서 공부할 수도 있고 그룹으로 함께 공부할 수 있는 주제별 성경공부 교재입니다.

CCC 10단계 성경교재〈개정판〉은 국제 CCC 창설자이신 고(故) 빌 브라이트 박사님의 지도하에 만들어진 책입니다. 책의 앞에 나오는 글은 빌 브라이트 박사가 하신 이야기입니다. 이 책은 본래 있던 교재를 다시 개정한 것입니다.

순(筍)

이새의 줄기에서 뻗어 나온 연한 순(筍)은 주님을 가리킨다(사 11:1; 53:1-12). 순은 가지에서부터 무한히 뻗는 동안 잎과 꽃과 열매를 맺는다. 순은 자신을 위해 있는 것이 아니라 숨어버리는 무한한 생명의 전달자요, 나룻배요, 어머니요, 수단이요, 기능일 뿐이다. 오늘도 CCC의 순(제자화를 위한 소그룹)은 이 땅에 '푸르고 푸른 그리스도의 계절'이 오도록 강인한 생명력으로 힘차게 뻗어가고 있다.

순(筍)출판사는 주님의 지상명령 성취와 한국 교회를 섬기기 위한 CCC의 문서사역을 감당합니다.

10 STEP
그리스도인의 성장을 위한
CCC 10단계 성경교재

가장 위대한 도전 - 전도

가장 위대한 도전

오늘날 우리는 급변하는 세상에 살고 있다. 사람들의 마음은 두려움과 공포, 좌절과 절망으로 가득 차 있다. 인간은 환경오염과 증가하는 범죄와 폭력, 성적 타락, 알코올과 마약 중독, 낙태, 포르노 등 전 세계적인 정치, 경제, 사회의 도덕적 부패를 다룰 능력이 없음이 입증되었다.

지금이야말로 그리스도인들이 신약성경 시대 이후 최대의 영적 추수를 할 시기이다! 인류의 이 어둠의 시기는 운명의 시간이며 그리스도인들에게는 전례 없는 기회의 시간이다. 강력하고도 철저한 영적 혁명을 일으켜 세상의 흐름을 바꾸고 인류가 직면한 모든 문제를 해결할 수 있는 그리스도의 영광스러운 복음을 전 인류에게 전하자! 그 사명을 위해 우리가 바로 이 시대에 태어난 것이다.

내게 모든 시대를 초월해 가장 크고 중요한 사건을 뉴스 기사로 작성하라는 특권이 주어진다면 나는 갈릴리의 한 산에서 있었던 작은 모임에 대해서 쓸 것이다. 그 모임에서 그들은 잃어버린 세상 사람들에게 하나님의 사랑과 용서의 메시지를 전달하라는 명령을 받았다.

이 산에서 그들은 '지금까지 살았던 가장 위대한 분으로부터 인류에게 계시된 가장 위대한 능력과 약속에 관해 가장 위대한 도전'을 받았다. 그것은 주 예수 그리스도께서 주신 '지상명령'이다. 예수님은 이 명령을 제자들에게 주셨고, 또한 제자들을 통해 우리에게 주셨다.

"예수께서 나아와 말씀하여 이르시되 하늘과 땅의 모든 권세를 내게 주셨으니 그러므로 너희는 가서 모든 민족을 제자로 삼아 아버지와 아들과 성령의 이름으로 세례를 베풀고 내가 너희에게 분부한 모든 것을 가르쳐 지키게 하라 볼지어다 내가 세상 끝날까지 너희와 항상 함께 있으리라 하시니라"(마 28:18-20).

그리고 주님은 승천하시기 직전에 제자들과 우리에게 약속을 주셨다.

"오직 성령이 너희에게 임하시면 너희가 권능을 받고 예루살렘과 온 유대와 사마리아와 땅 끝까지 이르러 내 증인이 되리라"(행 1:8).

주님이 이 명령과 약속을 주시지 않았다면, 지금 우리는 그리스도를 믿는 모든 사람에게 주시는 하나님의 사랑과 용서, 삶의 기쁨과 목적을 경험하지 못했을 것이다.

지상명령은 예수님의 지상사역의 중심이다. 누가복음 5장은 시몬 베드로의 생애에서 일어난 한 사건을 기록하고 있다. 그와 그의 동료들은 밤새도록 그물을 던지고 거두기를 반복했지만 한 마리의 고기도 잡지 못했다. 그들이 그물을 씻고 있을 때, 예수님은 배에 앉아서 사람들에게 말씀하시려고 배를 육지에서 조금 띄우기를 베드로에게 청하셨다. 말씀을 마치시고 예수님은 베드로에게 좀 더 깊은 곳에 가서 그물을 던지라고 명령하셨다. 밤새 고기를 한 마리도 잡지 못하고 피곤에 지친 베드로는 처음에 예수님의 명령을 듣고 어리석은 말씀으로 생각했을지도 모르겠다. 왜냐하면 베드로는 수년간 갈릴리에서 고기를 잡아온 베테랑 어부였기 때문이다. 그러나 베드로는 그 말씀에 순종했고 많은 고기를 잡았다. 누가는 베드로의 반응과 그 결과를 다음과 같이 기록했다.

"시몬이 대답하여 이르되 선생님 우리들이 밤이 새도록 수고하였으되 잡은 것이 없지마는 말씀에 의지하여 내가 그물을 내리리이다 하고 그렇게 하니 고기를 잡은 것이 심히 많아 그물이 찢어지는지라 이에 다른 배에 있는 동무들에게 손짓하여 와서 도와 달라 하니 그들이 와서 두 배에 채우매 잠기게 되었더라"(눅 5:5-7).

예수님은 그분의 능력에 압도된 베드로에게 '이제부터 너는 사람을 낚는 어부가 될 것이라.'고 말씀하셨다. 베드로는 예수님의 능력과 말씀에 사로잡혀 모든 것을 버려두고 예수님을 따랐다.

인생에 있어서 가장 흥분되고, 가장 보람된 경험은 사람을 전도하는 일이다. 당신이 아직 한번도 다른 사람을 그리스도께 인도해 본 적이 없거나 전도하는 일에 회의적일지라도 주님의 가르침을 따른다면, 당신의 영적인 그물을 가득 채울 수 있다. 베드로처럼 순종한다면 주님은 당신을 사용하셔서 많은 사람들이 당신의 전도에 반응하게 하실 것이다.

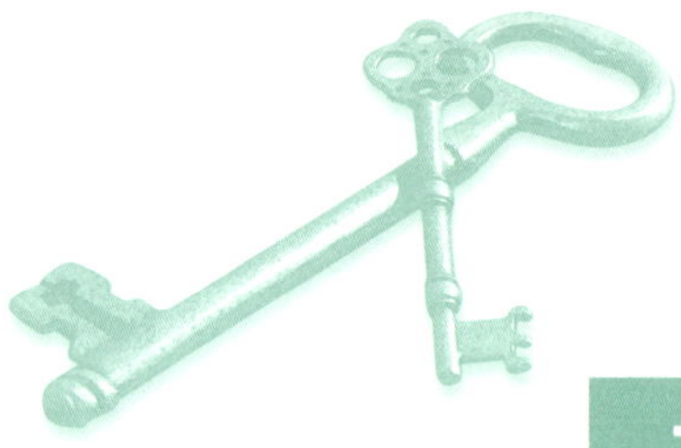

제1과
왜 꼭 전도해야 하는가?

학 습 목 표 : 전도해야 하는 이유를 이해한다.

"종교는 개인적인 것이므로 이야기할 필요가 없다."

"나는 종교에 대해 독단적이고 광신적인 사람을 싫어한다. 그들은 만나는 사람마다 자신의 종교를 강요한다."

"나는 나 자신의 종교를 가지고 있고, 그것에 만족한다."

당신도 사람들에게 이런 말들을 들어 봤을 것이다. 그리고 어쩌면 당신도 그리스도인이 되기 전에는 이렇게 말했을지도 모른다. 그러나 나는 거의 50년 동안 그리스도를 전하면서 이런 반응들 때문에 전도하지 않는 것을 정당화할 그 어떤 성경적 근거도 찾지 못했다. 사람들이 하나님의 사랑과 용서의 복음을 들어야 하는 것은 생사가 걸린 문제이다. 히브리서의 저자는 "한번 죽는 것은 사람에게 정해진 것이요 그 후에는 심판이 있으리니"(히 9:27)라고 말했다.

예수님은 사람들의 영혼에 최고의 가치를 두셨다. 그렇기 때문에 잃어버린 자를 찾아 구원하시려고, 기꺼이 영화로운 하늘 보좌를 떠나 고통과 수치와 죽음을 택하셨다. 그분은 잃어버린 자를 향한 깊은 관심으로 때때로 눈물을 흘리셨다. 바울도 사람들이 하나님과 화해하도록 밤낮 눈물로 호소했다. 이후로 그리스도의 모든 제자들은 하나님 없이 살아가는 사람들에 대해 긍휼의 마음을 품었다. 요한 웨슬리(John Wesley), D. L. 무디(Dwight L. Moody), 빌리 그레이엄(Billy Graham)과 같은 위대한 영적 지도자들은 사람들에게 소망의 메시지를 전하는 일에 평생을 바쳤다.

질병으로 인해 후송된 어느 젊은 선교사에게 왜 그렇게 간절히 선교지로 돌아가려고 애를 쓰는지 물었을 때, 그는 "그들을 생각하느라 잠을 잘 수 없기 때문입니다."라고 대답했다. 우리 주님께서는 우리에게 복음을 전하여 '잃어버린 자를 찾을 것'을 부탁하셨다. 그는 "가서 모든 족속으로 제자를 삼으라"(마 28:19), "온 천하에 다니며 만민에게 복음을 전하라"(막 16:15)고 말씀하셨다. 한번도 예수님을 영접한 적이 없는 사람들에게 우리가 받은 주님의 사랑과 용서를 전하는 것은 주님이 우리에게 주신 최대의 소명이요, 가장 위대한 도전이다.

1 전도란?

1) 법정에서 증인의 역할은 무엇인가? 그리고 이것은 당신의 믿음을 증거 하는 것과 어떤 면에서 유사한가?

2) 당신에게 일어났던 일 가운데 최대의 사건은 무엇인가?

3) 당신이 다른 사람에게 베풀 수 있는 최대의 호의는 무엇인가?

4) 시 107:1-2은 구원받은 사람에게 무엇을 하라고 권면하는가?

"전도는 복음을 먼저 받아들인 사람이 그 진리를 다른 사람에게 선포하는 것이다."

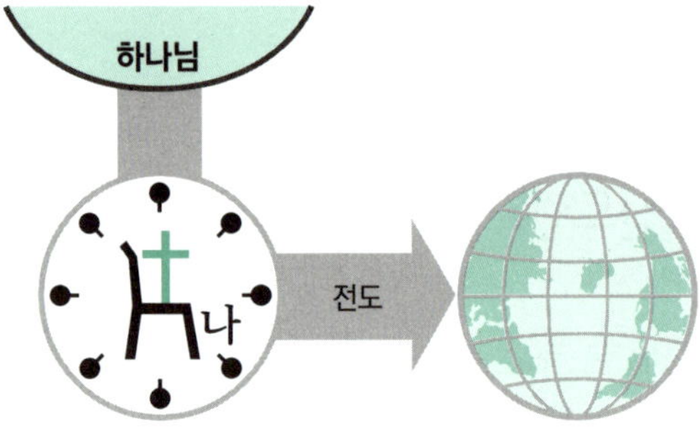

2 전도하게 만드는 동기

1) 예수님께서 우리에게 명령하신 일은 무엇인가? (막 16:15; 마 28:19-20)

마가복음 16:15 또 이르시되 너희는 온 천하에 다니며 만민에게 복음을 전파하라

마태복음 28:19-20 [19]그러므로 너희는 가서 모든 민족을 제자로 삼아 아버지와 아들과 성령의
이름으로 세례를 베풀고 [20]내가 너희에게 분부한 모든 것을 가르쳐 지키게 하라 볼지어다 내가
세상 끝날까지 너희와 항상 함께 있으리라 하시니라

2) 바울은 복음 전하는 일을 얼마나 중요하게 여겼는가? (행 20:24-27)

행 20:24-27 [24]내가 달려갈 길과 주 예수께 받은 사명 곧 하나님의 은혜의 복음을 증언하는
일을 마치려 함에는 나의 생명조차 조금도 귀한 것으로 여기지 아니하노라 [25]보라 내가 여러분
중에 왕래하며 하나님의 나라를 전파하였으나 이제는 여러분이 다 내 얼굴을 다시 보지 못할
줄 아노라 [26]그러므로 오늘 여러분에게 증언하거니와 모든 사람의 피에 대하여 내가 깨끗하니
[27]이는 내가 꺼리지 않고 하나님의 뜻을 다 여러분에게 전하였음이라

3) 바울이 복음을 전하는 동기는 무엇이었는가? (고후 5:14-15)

고후 5:14-15 [14]그리스도의 사랑이 우리를 강권하시는도다 우리가 생각하건대 한 사람이 모든
사람을 대신하여 죽었은즉 모든 사람이 죽은 것이라 [15]그가 모든 사람을 대신하여 죽으심은
살아 있는 자들로 하여금 다시는 그들 자신을 위하여 살지 않고 오직 그들을 대신하여 죽었다가
다시 살아나신 이를 위하여 살게 하려 함이라

4) 예수 그리스도를 부끄럽게 여기는 사람에 대해 예수님은 어떻게 말씀하시는가? (눅 9:26)

누가복음 9:26 누구든지 나와 내 말을 부끄러워하면 인자도 자기와 아버지와 거룩한 천사들의 영광으로 올 때에 그 사람을 부끄러워하리라

5) 우리가 전도한다면 어떤 일이 일어나는가? (단 12:3)

다니엘 12:3 지혜 있는 자는 궁창의 빛과 같이 빛날 것이요 많은 사람을 옳은 데로 돌아오게 한 자는 별과 같이 영원토록 빛나리라

영원토록 빛나고 싶지 않은가? 누군가 나 때문에 영생을 얻었다. 이보다 더 큰 영예가 있겠는가! 삶의 방향을 잃고 소망 없이 살아가는 사람들을 생명이시고 진리이신 예수 그리스도께로 인도하는 것은 가장 빛나는 일이다. 이 빛은 당신을 통해 한 사람에게, 그 사람을 통해 또 다른 사람에게 비추며 세상 끝까지 뻗어나갈 것이다. 이 빛이 당신에게서 멈추지 않게 계속해서 전하라. 당신은 하나님 나라에서 영원토록 빛나게 될 것이다.

3 무엇을 전하면 되는가?

1) 고린도후서 5:18-20에 의하면 우리는 그리스도의 대사로 불린다. 대사는 외국에서 자신의 나라를 대표하도록 임명된 사람이다. 대사의 의무를 생각해 보라. 이것이 그리스도인의 생활과 전도에 어떻게 관련이 되는가?

고린도후서 5:18-20 [18]모든 것이 하나님께로서 났으며 그가 그리스도로 말미암아 우리를 자기와 화목하게 하시고 또 우리에게 화목하게 하는 직분을 주셨으니 [19]곧 하나님께서 그리스도 안에 계시사 세상을 자기와 화목하게 하시며 그들의 죄를 그들에게 돌리지 아니하시고 화목하게 하는 말씀을 우리에게 부탁하셨느니라 [20]그러므로 우리가 그리스도를 대신하여 사신이 되어 하나님이 우리를 통하여 너희를 권면하시는 것 같이 그리스도를 대신하여 간청하노니 너희는 하나님과 화목하라

2) 예수님은 세상에 오신 이유를 무엇이라고 말씀하셨는가? (눅 19:10; 막 10:45)

3) 그리스도의 대사로서 그리스도를 모르고 있는 사람들에게 당신이 전할 메시지는 무엇인가? 불신자에게 사용할 말을 적어 보라.

4) 고린도전서 15:3-4에서 바울은 그 메시지를 어떻게 표현했는가?

한 젊은이가 빌리 그레이엄 전도 집회에 참여하고 집으로 돌아왔다. 그는 집에 오자마자 몇 년 동안이나 함께 살고 있는 친구에게 말했다. “너에게 꼭 들려 줄 소식이 있어. 오늘 밤에 예수 그리스도를 내 마음에 영접했어. 그분이 나의 삶을 바꾸어 놓으셨어!” 이 말을 듣고 친구는 미소를 지으며 말했다. “정말? 놀라운 일이네. 실은 너에게 이러한 일이 일어나기를 바라고 있었어. 지난 수년간 너보다 먼저 신앙생활을 하면서 너도 그리스도를 구세주로 영접하기를 바라고 있었거든.”

깜짝 놀란 그는 친구에게 말했다. “나는 네가 정말 완벽하고 안정되게 보였어. 나도 너처럼 살아 보려고 노력해 봤지만 그렇게 할 수 없는 내 모습을 보면서 좌절할 때가 많았지. 그런데 오늘 그 비결을 깨닫고 예수님을 나의 주님, 나의 구세주로 영접했어! 너는 왜 나에게 예수님을 진작 소개해 주지 않았니?”

이 예화는 우리가 왜 입으로 전도해야 하는지를 말해 준다. 말로 하는 전도가 없으면 우리의 생활이 잘못 해석되어 복음을 잘못 이해하게 되고, 심지어 사람들이 예수님을 영접하는 것을 막을 수도 있다.

[읽기 자료]

국제 CCC의 총재였던 고(故)빌 브라이트 박사는 개인적인 경험과 성경 공부를 통해 모든 그리스도인들의 삶에 영향을 끼치는 다섯 가지 개념을 제시한다.

1. 예수 그리스도는 모든 그리스도인들에게 분명한 명령을 주셨다.

그리스도의 마지막 명령은 사람들을 주님의 제자로 세우는 것이다. 예수님은 지상명령을 그분의 제자들에게만 주신 것이 아니고, 그리스도를 주로 믿는 모든 시대의 모든 그리스도인들에게 주셨다.

2. 예수 그리스도가 없는 사람들은 모두 잃어버린 자이다.

예수님은 "내가 곧 길이요 진리요 생명이니 나로 말미암지 않고는 아버지께로 올 자가 없느니라."(요 14:6)고 말씀하셨다. 또한 하나님의 말씀은 '예수 그리스도의 이름 외에는 구원을 얻을 수 있는 다른 이름을 주신 적이 없다.'는 것을 우리에게 가르쳐 준다(행 4:12). 그리스도가 없는 사람들은 모두 잃어버린 자이다. 예수 그리스도만이 하나님과 사람을 연결해 주는 유일한 길이다. 그리스도가 없다면 사람들은 하나님을 알 수 없고 영생의 소망도 없다.

3. 사람들은 복음에 관심이 없는 것이 아니라 복음을 갈망하고 있다.

오늘날 그리스도인들이 갖고 있는 가장 큰 오해 중 하나는 사람들이 하나님을 알고 싶어 하지 않는다는 것이다. 그러나 내가 가는 곳마다 오히려 그 반대라는 충분한 증거를 보게 된다. 성령은 수백만의 사람들의 마음속에 하나님을 향한 갈망을 심어 놓으셨다. 그리스도를 전하기 위해 훈련 받고 성령의 능력을 힘입은 사람들이 적절하게 다가간다면 수많은 사람들이 그리스도를 영접할 준비가 되어 있음을 알게 될 것이다. 우리는 그들에게 하나님의 사랑과 용서의 복음을 명확하고 단순하게 들려주어야 한다. 예수님은 "밭이 희어져 추수할 것이 많다."고 말씀하셨다. 많은 사람들이 하나님을 향해 굶주려 있는데 우리가 어떻게 복음에 대해 이기적일 수 있겠는가? 우리는 그리스도에 대한 우리의 믿음을 다른 사람들에게 전함으로써 이 세상을 변화시키는 일을 도울 수 있다(Come help change the world!).

4. 그리스도인들은 사람들에게 줄 수 있는 가장 위대한 선물인 영생을 소유하고 있다.

그리스도가 부활하셨다! 주님은 부활의 능력으로 우리 안에 살아 계실 뿐 아니라 우리에게 영생을 주셨다. 우리는 예수 그리스도를 통해 하나님과 직접적인 교제를 갖는다. 예수님을 영접하는 모든 사람은 하나님과의 교제뿐 아니라 평안과 영생을 선물로 받는다(요 3:16).

5. 우리를 향한 예수 그리스도의 사랑과 그리스도를 향한 우리의 사랑이 다른 사람에게 그리스도를 전하도록 우리를 강권한다.

"그리스도의 사랑이 우리를 강권하시는도다 우리가 생각하건대 한 사람이 모든 사람을 대신하여 죽었은즉 모든 사람이 죽은 것이라 그가 모든 사람을 대신하여 죽으심은 살아 있는 자들로 하여금 다시는 그들 자신을 위하여 살지 않고 오직 그들을 대신하여 죽었다가 다시 살아나신 이를 위하여 살게 하려 함이라"(고후 5:14-15).

예수님은 세상의 모든 사람들에게 생명과 죄 용서의 복음을 전하기 원하셨다. 지상명령은 이러한 구원의 복음을 땅 끝까지 전하라는 명령이다. 지상명령 성취를 돕는 것은 예수님을 믿는 우리에게 의무이자 특권이다. 우리는 그리스도를 사랑하기 때문에 전도한다. 또한 그분이 우리를 사랑하기 때문에 전도한다. 우리는 그분을 영화롭게 하고 순종하기 원해서 그리고 그분이 우리에게 다른 사람들을 향한 특별한 사랑을 주셨기 때문에 전도한다. 하나님께서는 그리스도를 영접하는 사람들에게 아래의 선물을 당신을 통해 전달하기 원하신다.

* 그들이 하나님의 자녀가 된다.
* 그들의 몸이 하나님의 성전이 된다.

* 그들의 모든 죄가 용서 받는다.
* 그들이 하나님의 사랑과 평안을 경험한다.
* 그들은 자신의 삶을 변화시킬 하나님의 능력과 인도하심을 경험한다.
* 그들이 영생의 확신과 소망을 갖게 된다.

당신이 이보다 더 위대한 선물을 다른 사람에게 줄 수 있겠는가? 또한 하나님은 당신의 유익을 위해서 당신이 전도하기를 원하신다. 전도는 당신의 영적 성장을 자극하며 당신이 기도하고 성경 공부하도록 이끈다. 또한 그리스도를 의지하도록 당신을 격려할 것이다. 당신은 세상에서 예수님을 대신하는 엄청난 특권과 영광을 경험하게 될 것이다(고후 5:20). 성령은 당신이 그렇게 하도록 능력을 주시기 위해 오셨다(행 1:8). 당신이 갖고 있는 가장 가치 있는 것을 다른 사람에게 전하고 싶지 않은가? 세계 어느 곳을 가든 나는 그리스도인을 만나면 나이나 재산, 믿은 기간과 유명한 정도에 관계없이 아래의 두 가지 질문을 했고 그 대답은 항상 똑같았다.

* 당신 생애에서 가장 중요한 경험은 무엇인가?
  "그리스도를 나의 구주로 알게 된 것."
* 당신이 다른 사람을 위해 해 줄 수 있는 가장 중요한 것은 무엇인가?
  "다른 사람이 그리스도를 알도록 돕는 것."

당신이 그리스도인이라면 의심할 여지없이 이러한 질문들에 똑같은 대답을 할 것이다. 아마도 당신은 대부분의 그리스도인들처럼 다른 사람을 그리스도께 인도해 본 적이 없을 것이다. 그러나 당신이 그리스도를 전하기 시작한다면 이것이 하나님께서 원하시는 일이라는 것을 마음 깊이 알게 될 것이다.

적용

1. 이 과에서 당신에게 가장 의미 있는 것은 무엇인가?

2. 현재 나의 삶에서 전도하는 데 방해가 되는 것들은 무엇인지 나누어 보라.
(예: 막연한 두려움, 방법을 모름 등)

3. 하나님께서 그리스도를 전하도록 생각나게 해주시는 사람의 이름을 두 명 이상 적어 보라.

외울 말씀 고린도후서 5:14-15

그리스도의 사랑이 우리를 강권하시는도다 우리가 생각하건대 한 사람이 모든 사람을 대신하여 죽었은즉 모든 사람이 죽은 것이라 그가 모든 사람을 대신하여 죽으심은 살아 있는 자들로 하여금 다시는 그들 자신을 위하여 살지 않고 오직 그들을 대신하여 죽었다가 다시 살아나신 이를 위하여 살게 하려 함이라

읽을 말씀 갈라디아서 1-2장

제2과

예수님은 어떻게 전도하셨는가?

학 습 목 표 : 전도할 때 그리스도께서 보여 주신 모범을 따를 수 있다.

많은 그리스도인들이 효과적으로 복음을 전하지 못하는 이유는 단순하다. 그들이 전도하는 방법을 모르기 때문이다. 당신의 믿음을 다른 사람들에게 전하는 방법을 알면 훨씬 효과적으로 전도할 수 있다.

이 과에서 우리는 예수님의 전도 방식을 살펴볼 것이다. 예수님은 사마리아 여자와 대화하시는 모습을 통해 가장 효과적인 전도 방법을 보여 주셨다. 전도의 새로운 접근 방법과 기술들을 이해하기 위해 요한복음 4장을 주의 깊게 공부해 보자.

1 예수님이 보이신 모범

요한복음 4:1-42을 읽으라.

1) 예수님은 일상적인 삶의 상황을 어떻게 전도의 기회로 사용하셨는가? (6-7절)

2) 사람의 흥미를 끄는 대화로 전도를 시작하는 것은 어떤 유익이 있는가?

3) 예수님이 물을 달라고 하시자 사마리아 여자는 어떻게 반응했는가? (9절)

4) 예수님이 갈증을 느끼시고 물을 달라고 요청하신 것은 사마리아 여자가 처한 상황과 어떻게 대비되는가? (13-15절)

5) 예수님은 사마리아 여자에게 왜 남편을 데려오라고 하셨는가? (16절)

6) 사마리아 여자가 자신의 죄와 필요로부터 예수님의 관심을 다른 데로 돌리려고 했을 때 예수님께서는 어떻게 하셨는가? (17-21절)

7) 사마리아 여자는 예배의 장소에 대해 물었지만 예수님은 예배의 초점을 무엇에 맞추셨는가? (19-24절)

8) 예수님과의 대화를 통해 사마리아 여자가 생각하게 된 것은 무엇이며, 예수님은 이에 대해 어떻게 대답하셨는가? (25-26절)

2 예수님이 전도하신 결과는?

1) 예수님이 사마리아 여인에게 전도할 때 사용하신 접근 방법은 얼마나 효과적이었는가?

2) 예수님이 사마리아 여인을 전도한 결과는 어떠했는가? (요 4:28-29)

3) 사마리아 여자가 전도했을 때 동네 사람들은 어떻게 반응했는가? (요 4:30, 39-42)

"음속 장벽"

비행기가 초음속으로 비행할 때 나타나는 공기저항을 '음속 장벽'이라고 한다. 하늘을 날려면 이 음속 장벽을 뚫어야 하는 것처럼 전도도 넘어야 할 세 가지의 장벽이 있다.

전도의 첫 번째 장벽은 우리가 처음 예수 그리스도의 이름을 말하고 그분을 아는 것이 가치 있다는 것을 이야기할 때 발생한다. 대화의 주제를 데이트나 패션, 정치, 직장, 스포츠 등에서 영적인 것으로 전환했다면, 우리는 첫 번째 장벽을 깨뜨린 것이다. 이것은 절대 쉬운 일이 아니며 때로는 매우 힘들다.

두 번째 장벽은 복음을 전할 때 생긴다. 이때 또 다시 긴장감이 감돈다. 그러나 많은 사람들이 예수 그리스도를 알게 되고 그분이 사람들을 위해 행하신 것들을 이해한다면 예수님을 영접하려고 할 것이다. 따라서 우리는 이 장벽을 기필코 뚫어야 한다.

세 번째 장벽은 바로 지금 그리스도를 영접하도록 요청하는 것으로, 가장 어려운 장벽이다. 그러나 가장 중요한 단계이다. 종종 우리는 사람들에게 어떻게 그리스도인이 되는지 말해 주고는 그들을 그대로 방치한다. 그리스도를 그들의 구주와 주님으로 영접하도록 요청하기 전까지 전도는 끝나지 않았다.

전도를 배워 효과적으로 증거 하는 유일한 방법은 전도를 실천하는 것이다. 시도하는 자만이 성공할 수 있다. 지혜로운 자는 사람을 얻는다는 말씀이 있다(잠 11:30). 많은 사람들이 그들에게 관심을 보이거나 말을 건네면 얼마나 고마워하고 기뻐하는지, 그 모습을 보면 깜짝 놀랄 것이다.

참고:

어떤 이들은 사영리와 같은 전도 책자로 낯선 이에게 전도하는 것을 비판적으로 본다. 그들은 신앙이 투영된 삶 자체로 전도해야 하며 오랜 관계를 통해서 관계를 맺고 전도해야 한다고 주장한다. 그것도 전도의 좋은 방법이다. 그렇게 해야 할 상황이면 그렇게 하는 것이 좋다. 그러나 그것만 가지고는 모든 사람에게 효과적으로 전도할 수 없다. 비행기에서 잠깐 만난 사람, 몇 주 동안의 프로젝트에서 만난 사람들, 짧은 선교여행에서 만난 외국인에게 어떻게 삶으로 보이는 전도를 할 수 있겠는가? 그 뿐만 아니다. 그 동안 전도하지 못하다 우연히 기회를 얻었을 때, 그냥 지나쳐야 하는가? 그렇지 않다. 때로는 직접적으로 전도하는 것이 가장 효과적일 때가 많다.

C-man(CCC 회원)들은 캠퍼스에서 열심히 전도한다. 그렇게 해서 믿은 대학생의 숫자는 모래알처럼 셀 수 없을 정도로 많다. 얼마나 멋진 전도의 열매인가! 서로 모르는 사람이지만 직접적인 전도를 통해 예수님을 영접하고 새 생명을 얻게 된 간증은 수없이 많다. 예수님도 처음 만난 낯선 사람, 그것도 사마리아 여인에게 몇 마디 말씀으로 전도하셨다. 전도의 방법조차도 하나님께 맡기고 때를 얻든지 못 얻든지 전도하는 것이 중요하다. 하나님은 모든 방법을 동원하시는 것을 기뻐하신다. 다른 전도방법을 비판하려 하지 말고 그냥 전도하라! 서로의 전도방법을 인정하라! 내가 그렇게 전도하지 않는다고 해서 남이 전도하는 것까지 말릴 필요는 없다. 사영리를 열심히 사용하라!

적용

1. 이 과에서 당신에게 가장 의미 있는 것은 무엇인가?

2. 예수님의 모범적인 전도 방법에서 배운 것 중 적용할 수 있는 것은 무엇인가?

3. 전도할 때 당신이 경험한 세 가지 장벽은 무엇이며, 그것을 어떻게 극복했는가?

외울 말씀 요한복음 4:35

너희는 넉 달이 지나야 추수할 때가 이르겠다 하지 아니하느냐 그러나 나는 너희에게 이르노니 너희 눈을 들어 밭을 보라 희어져 추수하게 되었도다

읽을 말씀 갈라디아서 3-4장

제3과

누가 전도할 수 있는가?

학 습 목 표 : 전도자로서 영적 자질들을 갖추고, 전도하기 위해 준비할 수 있다.

성공적으로 전도하려면 먼저 개인적으로 잘 준비해야 한다. 그 준비 단계에는 네 가지가 있다.

첫 번째, 자신이 그리스도인임을 확신한다. 자신의 전 인격(감성, 지성, 의지)을 하나님께 드리고 주 예수 그리스도를 통하여 주시는 하나님의 사랑과 용서의 선물을 받아 들여라.

두 번째, 고백하지 않은 죄가 없어야 한다. 하나님과의 교제를 방해하는 태도를 보이거나 행동한 죄가 있다면 주님은 당신을 통해서 사실 수 없으며 당신은 기쁨이 넘치는 그리스도인으로 살 수 없다. 또한 그리스도를 위해 열매 맺는 전도자가 될 수도 없다.

세 번째, 성령 충만해야 한다. 성령 충만하여 성령의 지배와 능력을 받는 것이야말로 열매 맺는 전도의 중요한 요소이다.

네 번째, 예수 그리스도를 전하기 위해 준비되어야 한다. 무슨 일이든 잘 하려면 훈련이 필요하듯이, 효과적으로 전도하기 위해서도 훈련이 필요하다.

이 과에서는 사도행전 8장을 공부하며 전도자의 자질을 살펴볼 것이다. 이러한 자질이 당신 자신의 생활 속에서 실제가 되도록 성령님께 기도하라.

1 빌립의 기회

사도행전 8:1-8, 26-40을 읽으라.

1) 스데반의 순교를 계기로 예루살렘 교회에 큰 핍박이 일어났다. 이 핍박은 어떤 결과를 가져왔는가? (1-4절)

2) 이 핍박으로 인해 빌립이 한 일은 무엇인가? (5-8절)

3) 하나님께서 이 특별한 일에 빌립을 부르신 이유가 무엇이라고 생각하는가? (26-27절)

4) 누가 빌립에게 병거로 가까이 나아가라고 했으며, 빌립은 어떻게 반응했는가? (29-30절)

5) 빌립이 전도의 접촉점으로 삼은 것은 무엇이었는가? (30-35절)

사람들이 복음에 대해 마음의 문을 여는 유일하고 효과적인 수단은 하나님의 말씀이다. 철학, 사회학, 심리학 등의 많은 학식은 그 자체로 가치가 있으나, 마음의 문제를 해결해 주지는 못한다. 하나님의 말씀이 에디오피아 내시의 마음을 준비시켰고, 빌립은 이사야서의 말씀에서 시작하여 예수가 그리스도이심을 전했다.

2 빌립의 전도자로서의 자질

1) 빌립이 열매 맺는 전도를 할 수 있었던 자질들을 찾아보라. (행 8:1-8, 26-40)

(1) 35절

(2) 26-27, 29-30절

(3) 27절

(4) 30절

(5) 30-31절

(6) 27, 30, 35, 38절

(7) 27, 30, 40절

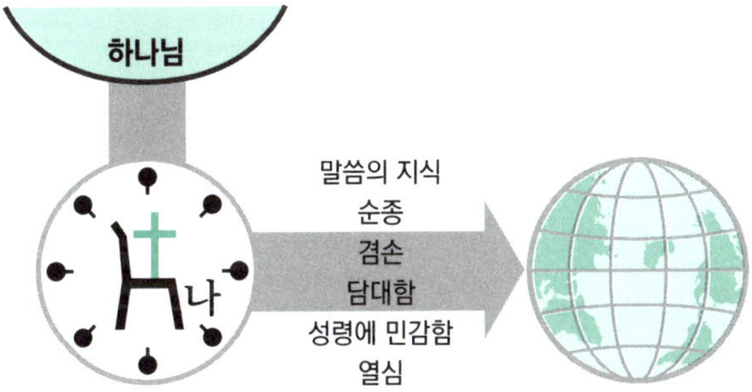

2) 이러한 자질들이 당신의 삶에서 어떻게 나타나고 있는지 하나하나 생각해 보라.

(1) 당신에게는 어떤 자질이 부족한가?

(2) 부족한 자질들을 강화시킬 방법들을 나누어 보라.

3 전도를 방해하는 것들

1) 영적 무기력

많은 성도들이 물질적인 것을 추구하는 생활 때문에 지쳐 있고, 고백하지 않은 죄 때문에 그리스도에 대한 감격이 무디어져 있다. 영적으로 무기력한 사람은 다른 사람들의 필요를 생각하지 못하기 때문에 전도하기 어렵다. 전도를 해도 듣는 사람이 생동감을 느끼지 못하고 호기심을 갖지 않는다.

2) 준비의 부족

우리는 먼저 그리스도께 개인적으로 헌신해야 한다. 시간을 내어 전도 방법과 전도할 내용을 알고 준비해야 한다. 뿐만 아니라 기도를 통해 마음을 준비하는 것은 바른 태도를 갖고 성령의 능력을 받도록 우리 자신을 준비시켜 준다. 기도와 성령의 능력을 통해 하나님의 인도하심을 받으면 복음을 꼭 들어야 할 사람을 만나게 된다.

3) 사람을 두려워함

모든 사람들이 전도하는 것을 환영하는 것은 아니다. 그러나 전도하는 것을 싫어하거나 반대하는 사람들을 두려워하면 복음을 전하기 어렵다. 불신자들 뿐 아니라 전도에 회의적인 성도들에게도 핍박을 받을 수 있는데, 사람을 두려워하면 올무에 걸리게 된다(잠 29:25). 그리스도는 자기 이름을 사람들 앞에서 인정하는 것을 두려워하는 사람에 대해 '저희는 하나님의 칭찬보다 사람들의 칭찬을 더 사랑한다.'(요 12:43)고 말씀하셨다.

4) 실패의 두려움

"사람들은 믿지 않을 거야. 사람들은 그렇게 단순한 진리를 받아들이지 않을 거야." 사람들이 복음을 거부하고 복음에 관심이 없을 것이라는 사탄의 이런 거짓말을 믿어서는 안 된다. 복음을 듣는 모든 사람들이 그리스도를 영접하는 것은 아니다. 그러나 준비된 영혼들도 많다는 것을 알아야 소망 가운데 복음을 전할 수 있다.

성공적인 전도는 성령님의 능력 안에서 예수 그리스도를 전하고 그 결과는 하나님께 맡기는 것이다. 성령님의 인도를 받는 전도에는 실패가 없다. 영접했다고 성공하고 그렇지 않다고 실패한 것이 아니다. 그리스도는 "눈을 들어 밭을 보라 희어져 추수하게 되었도다."(요 4:35)라고 말씀하셨다. 그리고 "추수할 것은 많되 일꾼은 적으니 그러므로 추수하는 주인에게 청하여 추수할 일꾼들을 보내어 주소서 하라."(마 9:37-38)고 말씀하셨다. 이 말씀은 2000년이 지난 지금도 해당된다.

5) 실제적인 '방법'을 모름

전도의 방법과 내용을 미리 훈련받지 않으면 무엇을 전해야 하는지, 어떻게 전해야 하는지 알 수 없다. 그래서 전도를 두려워하게 되며 전도하더라도 우왕좌왕하기 쉽다. 오늘날 그리스도인들은 그들의 믿음을 다른 사람에게 전해야 한다는 것을 알고 있으며, 전하고 싶어 한다. 그러나 그들은 두려움을 없애고 효과적으로 현장실습을 하는 실제적인 전도훈련을 받지 못했다. 그 결과, 전도의 중요성은 알고 있지만 방법을 모르기 때문에 자신감도 없고 부담감과 죄의식에 사로잡히게 된다.

이 다섯 가지 중에서 당신에게 가장 문제가 되는 것은 무엇인가? 이 외에도 다른 어려움이 있는가?

적용

1. 이 과에서 당신에게 가장 의미가 있는 것은 무엇인가?

2. 잠시 시간을 내어 빌립의 자질들이 당신의 생활과 전도에도 나타나게 해주시도록 하나님께 기도하라.

외울 말씀 마태복음 4:19

말씀하시되 나를 따라오라 내가 너희를 사람을 낚는 어부가 되게 하리라 하시니

읽을 말씀 갈라디아서 5-6장

제4과

승리하는 전도의 비결 Ⅰ -말씀

학 습 목 표 : 전도할 때 성경 말씀을 활용하는 방법을 알 수 있다.

베드로의 설교에 대해 생각해본 적이 있는가? 그는 어떻게 설교했을까? 오순절에 초대교회 성도들이 성령의 능력을 받고 성령의 말하게 하심을 따라 여러 나라의 말로 복음을 전하자 각국에서 오순절을 지키러 예루살렘에 왔던 경건한 유대인들이 모여들었다. 베드로는 성령의 능력과 인도하심을 따라 놀라워하는 이 사람들에게 설교를 했다.

이들은 누구인가? 이들 속에는 일찍이 십자가 처형 현장에서 "예수를 십자가에 못 박으라.", "그 피를 우리와 우리 자손에게 돌리라."고 소리쳤던 사람들도 있었을 것이다(마 27:25). 또한 베드로가 그리스도를 부인하던 것을 본 사람들도 있었을 것이다(마 26:73, 74). 이런 두려운 상황에서 베드로가 담대하게 전도할 수 있었던 것은 하나님의 말씀과 성령 때문이었다. 이 과는 전도할 때 말씀을 사용하는 방법과 그 결과를 보여 준다.

1 베드로의 전도

사도행전 2장을 읽으라.

1) 예수님을 부인한 베드로는 그리스도를 증거 할 자격이 없다고 스스로 생각할 수 있다. 그럼에도 불구하고 그가 능력 있게 전도할 수 있었던 비결이 무엇이라고 생각하는가?

2) 베드로는 설교할 때 구약성경(다윗의 시편과 요엘서 등)을 얼마나 많이 인용했는가?

3) 전도할 때 성령은 말씀을 전하는 자 안에서 어떤 역할을 하시는가? (요 14:26)

요한복음 14:26 보혜사 곧 아버지께서 내 이름으로 보내실 성령 그가 너희에게 모든 것을 가르치고 내가 너희에게 말한 모든 것을 생각나게 하리라

성령은 전도의 말씀을 듣는 이들에게는 어떤 역할을 하시는가? (요 16:8-11)

요한복음 16:8-11 [8]그가 와서 죄에 대하여, 의에 대하여, 심판에 대하여 세상을 책망하시리라
[9]죄에 대하여라 함은 그들이 나를 믿지 아니함이요 [10]의에 대하여라 함은 내가 아버지께로 가니
너희가 다시 나를 보지 못함이요 [11]심판에 대하여라 함은 이 세상 임금이 심판을 받았음이라

4) 그들이 죄를 깨닫도록 베드로는 무엇을 말했는가? (행 2:23, 36)

사도행전 2:23 그가 하나님께서 정하신 뜻과 미리 아신 대로 내준 바 되었거늘 너희가 법 없는 자들의 손을 빌려 못 박아 죽였으나

사도행전 2:36 그런즉 이스라엘 온 집은 확실히 알지니 너희가 십자가에 못 박은 이 예수를 하나님이 주와 그리스도가 되게 하셨느니라 하니라

5) 베드로가 설교 중에 말한 하나님이 하신 위대한 일들을 적어 보라. (행 2:24, 34-39)

2 군중들의 반응

1) 사도행전 2장에서 오순절에 베드로의 설교를 듣고 3천 명이 예수님을 믿고 세례를 받았다. 그들이 회심하기 전과 후에 경험했을 감정들을 적어 보라.

(1) 회심하기 전:

(2) 회심 후:

2) 청중들이 왜 이런 감정의 변화를 경험하게 되었다고 생각하는가? (37절)

3 말씀의 능력

1) 이사야 55:11을 자신의 말로 써 보라.

> 이사야 55:11 내 입에서 나가는 말도 이와 같이 헛되이 내게로 되돌아오지 아니하고 나의 기뻐하는 뜻을 이루며 내가 보낸 일에 형통함이니라

2) 하나님의 말씀을 사용하여 전도하면 그 말씀이 불신자들에게 어떤 영향을 끼치는가? (히 4:12)

3) 성경은 무엇에 비유되었는가? 그 이유는 무엇인가? (엡 6:17)

성경을 암송하는 것은 하나님의 말씀을 이해하고 삶에 적용하는 데 효과적인 방법이다. 말씀의 약속과 명령을 암송하면 삶의 어떠한 상황에서도 적용할 수 있다. 특히 예기치 못한 전도의 기회가 생겼을 때 복음을 전할 수 있다.

4) 하나님의 말씀이 우리의 신앙 성장에 무엇을 약속해 주시는가?

(1) 베드로전서 1:23

(2) 베드로전서 2:2-3

(3) 여호수아 1:8; 시편 1:1-3

여호수아 1:8 이 율법책을 네 입에서 떠나지 말게 하며 주야로 그것을 묵상하여 그 안에 기록된 대로 다 지켜 행하라 그리하면 네 길이 평탄하게 될 것이며 네가 형통하리라

시편 1:1-3 [1]복 있는 사람은 악인들의 꾀를 따르지 아니하며 죄인들의 길에 서지 아니하며 오
만한 자들의 자리에 앉지 아니하고 [2]오직 여호와의 율법을 즐거워하여 그의 율법을 주야로 묵
상하는도다 [3]그는 시냇가에 심은 나무가 철을 따라 열매를 맺으며 그 잎사귀가 마르지 아니함
같으니 그가 하는 모든 일이 다 형통하리로다

(4) 시편 119:9-11

(5) 시편 119:165

전도하는 사람에게 가장 중요한 것은 무엇일까?

많은 그리스도인들이 생활 속에서 그리스도를 영화롭게 하지 못하는 한 가지 이유는 하나님의 말씀을 암송하여 효과적으로 사용하지 않기 때문이다.

시편 저자는 하나님의 말씀이 그리스도인들이 죄를 짓지 않도록 붙들어 주며 정결한 삶을 살게 해준다고 분명하게 말한다. 또한 하나님의 말씀은 사람들에게 그리스도가 필요하다는 사실을 깨닫게 하는 가장 효과적인 무기다. 그들의 의문점들은 하나님의 말씀 안에서만 대답을 얻을 수 있다. 오직 하나님의 말씀이 선포될 때에만 의심에서 벗어나 확신을 가질 수 있다.

적용

1. 이 과에서 당신에게 가장 의미 있는 것은 무엇인가?

2. 하나님 말씀의 능력에 관한 성경구절 중 하나를 암송하라.

외울 말씀 로마서 10:17
그러므로 믿음은 들음에서 나며 들음은 그리스도의 말씀으로 말미암았느니라

읽을 말씀 에베소서 1-2장

제5과

승리하는 전도의 비결 Ⅱ - 기도

학 습 목 표 : 전도할 때 기도를 활용하는 방법을 알 수 있다.

사랑하는 가족들과 친구들 그리고 이웃들이 그리스도께 나아오기를 원하는가? 그렇다면 그들의 구원을 위해 하나님께 기도하라. 주님이 요한복음 17:20에서 보여 주신 기도의 모범을 따라 기도하라. "내가 비옵는 것은 이 사람들만 위함이 아니요 또 그들의 말로 말미암아 나를 믿는 사람들도 위함이니."

예수님이 제자들의 생활 속에 성령께서 역사하시기를 기도하셨던 것처럼, 우리도 성령께서 불신자들에게 하나님을 알고 싶은 강한 소원을 갖게 해달라고 기도할 수 있다. 바울과 신약성경의 저자들도 자신들과 다른 사람들을 위해서 기도했다. 하나님께서는 모든 사람이 회개하기를 원하시지만, 그들의 마음속에 성령이 역사하도록 그리스도인들이 먼저 그들을 위해 기도하기를 기다리고 계신다.

사람들을 그리스도께 인도하기 위해서 우리는 먼저 하나님께 그 사람에 대해 이야기하고, 그 후에 그 사람에게 하나님에 대해 이야기해야 한다. 이러한 순서를 따른다면 좋은 결과가 있을 것이다.

누구든지 멸망하지 않는 것이 하나님의 뜻이고, 그분의 뜻대로 기도하면 들어주신다고 약속하셨다(요일 5:14-15). 따라서 우리가 사람들의 구원을 위해 기도하면 하나님께서 응답해 주신다(빌 2:13). 기도야말로 사람들을 그리스도께로 인도하는 진정한 방법이며 전도는 단지 기도의 열매를 거둬들이는 것이다. 이 과의 목적은 기도가 초대교회 그리스도인들의 전도에 어떤 역할을 했는지 살펴보는 것이다.

1 초대교회 그리스도인들의 기도

사도행전 4:1-31을 읽으라.

1) 초대교회 그리스도인들이 직면한 문제는 무엇이었는가? (1-3, 16-18절)

2) 그들이 전도를 중단했다면 기독교에 어떤 일이 일어났겠는가?

3) 초대교회 그리스도인들은 그들의 문제를 어떻게 해결했는가? (19-31절)

그들은 자신들의 안전을 위해 기도하지도 않았고 또한 침묵하지도 않았다. 그들은 어떤 위협에도 굴복하지 않고 그리스도를 전파할 수 있는 능력과 담대함을 원했다. 당시 한 로마 작가는 "그리스도인들이 로마제국 전체를 시끄럽게 하였다."고 논평했다.

4) 초대교회 그리스도인들은 무엇을 위해 기도했으며, 그 결과는 어떠했는가? (29-31절)

초대교회 그리스도인들은 담대하게 복음을 전했다. 아무도 그들을 막지 못했다. 그들은 늘 승리하는 삶을 살았다. 오늘날의 기독교는 담대함이 부족하다. 사람들의 이목이나 반응을 두려워한다. 그러나 하나님은 우리에게 '두려워하는 마음이 아니라 능력과 사랑과 절제하는 마음'을 주셨다(딤후 1:7). 우리는 담대함을 얻기 위해 기도해야 한다.

5) 전도에서 기도는 어떤 역할을 하는가?

6) 어떤 사람이 "기도란 하나님을 설득하여 우리가 원하는 방향으로 가게 하는 것이 아니라 성령에 의해서 우리 자신을 그분의 길로 가게 하는 것이다."라고 말했다. 이 말에 의하면 전도에 있어서 우리의 역할은 무엇인가?

2 전도에 대한 핍박

1) 초대교회에서 전도하는 그리스도인들은 어떤 핍박을 받았는가? (사도행전의 예들)

2) 사도행전 4장에서 사도들은 전도할 때 당하는 핍박과 고난을 왜 없애 달라고 기도하지 않았을까?

믿는 자들의 기도는 하늘과 땅에서 승리를 얻게 한다. 하나님은 승리하신 싸움에 우리를 부르셨는데, 이 싸움에서 우리의 가장 큰 역할은 기도하는 것이다.

3) 핍박 받으면서도 담대히 복음을 전할 수 있는 근거는 무엇인가? (마 10:28-31)

마태복음 10:28-31 28몸은 죽여도 영혼은 능히 죽이지 못하는 자들을 두려워하지 말고 오직
몸과 영혼을 능히 지옥에 멸하실 수 있는 이를 두려워하라 29참새 두 마리가 한 앗사리온에
팔리지 않느냐 그러나 너희 아버지께서 허락하지 아니하시면 그 하나도 땅에 떨어지지
아니하리라 30너희에게는 머리털까지 다 세신 바 되었나니 31두려워하지 말라 너희는 많은
참새보다 귀하니라

4) 당신은 전도할 때 어떤 어려움을 경험했는가? 이런 어려움이 당신의 전도에 어떤 영향을 끼쳤는가?

3 하나님의 때

1) 성공적인 전도는 성령님의 능력 안에서 예수 그리스도를 전하고 그 결과는 하나님께 맡기는 것이다.

(1) 전도한 사람이 즉시 복음을 받아들이지 않을 때 당신은 어떻게 반응하는가?

(2) 성공적인 전도를 기억한다면 당신은 어떻게 반응해야 하는가?

2) 열심히 기도하고 전도했지만 그 사람이 예수님을 영접하지 않았다고 해서 실망하지 말아야 하는 이유를 성경은 어떻게 말하고 있는가? (요 4:35-38)

요한복음 4:35-38 [35]너희는 넉 달이 지나야 추수할 때가 이르겠다 하지 아니하느냐 그러나 나는 너희에게 이르노니 너희 눈을 들어 밭을 보라 희어져 추수하게 되었도다 [36]거두는 자가 이미 삯도 받고 영생에 이르는 열매를 모으나니 이는 뿌리는 자와 거두는 자가 함께 즐거워하게 하려 함이라 [37]그런즉 한 사람이 심고 다른 사람이 거둔다 하는 말이 옳도다 [38]내가 너희로 노력하지 아니한 것을 거두러 보내었노니 다른 사람들은 노력하였고 너희는 그들이 노력한 것에 참여하였느니라

적용

1. 이 과에서 당신에게 가장 의미 있는 것은 무엇인가?

2. 특별히 도움이 필요한 친구들이나 사랑하는 이들 중 전도하고자 하는 사람이 있다면, 그들을 위해 기도하라.

외울 말씀 사도행전 4:31
빌기를 다하매 모인 곳이 진동하더니 무리가 다 성령이 충만하여 담대히
하나님의 말씀을 전하니라

읽을 말씀 에베소서 3-4장

제6과

전도할 때 성령은 무엇을 하시는가?

학 습 목 표 : 전도할 때 성령의 인도하심을 이해하고 신뢰할 수 있다.

다른 사람들의 반응에 대한 두려움과 창피함은 전도를 방해한다. 스데반은 사도가 아니라 집사였다(행 6:2-5). 그는 예수 그리스도를 반대하는 사악한 사람들 앞에 끌려갔다. 그는 그들을 대면하기에 적절하지 않다고 느껴서 물러날 수도 있었지만 자신의 삶을 다스려 주시는 성령을 의지했다. 그 결과 돌에 맞아 죽기까지 그리스도께 충성했던 그의 모습은 불신자들의 마음을 흔들어 놓았고, 바울이 회심하는 근거가 되었다.

예수님을 전할 때 하나님께서 당신을 사용하실 것을 기대하라. 주님께서는 지상명령 성취를 돕는 일에 참여하는 모든 사람들에게 그분의 초자연적인 능력과 자원을 주겠다고 약속하셨다.

당신은 성령의 능력으로 말미암아 오늘날도 똑같은 부활의 능력과 임재를 체험할 수 있다. 우리 주님은 그분을 신뢰하면서 신실하게 전도하는 자들을 귀히 여기신다.

1 스데반의 전도

1) 사도행전 6-7장을 읽으며 성령에 관한 모든 말씀에 밑줄을 그어 보라.

2) 스데반의 생애에서 성령은 어떤 역할을 하셨는가?

3) 스데반은 청중들의 마음이 찔리도록 그들에게 어떤 영적 고발을 하였는가? (7:51-53)

4) 성령 충만했던 스데반은 순교하기 직전 최후의 기도에서 두 가지를 간구했다. 그것은 무엇인가?

5) 이러한 간구들은 스데반이 성령 충만했음을 어떻게 보여 주는가? (갈 5:22-23와 고후 5:14-15를 비교해 보라.)

갈라디아서 5:22-23 [22]오직 성령의 열매는 사랑과 희락과 화평과 오래 참음과 자비와 양선과 충성과 [23]온유와 절제니 이 같은 것을 금지할 법이 없느니라

> 고린도후서 5:14-15 14그리스도의 사랑이 우리를 강권하시는도다 우리가 생각하건대 한 사람이 모든 사람을 대신하여 죽었은즉 모든 사람이 죽은 것이라 15그가 모든 사람을 대신하여 죽으심은 살아 있는 자들로 하여금 다시는 그들 자신을 위하여 살지 않고 오직 그들을 대신하여 죽었다가 다시 살아나신 이를 위하여 살게 하려 함이라

성령 충만한 결과는 비이기적인 마음이다. 스데반은 인간의 반응을 두려워하거나 자의식에 빠져 패배하지 않았다. 성령께서 그의 생활 중 어느 한 부분을 통제한 것이 아니라 그의 삶이 성령의 나타나심 그 자체였다. 그는 성령으로 충만했다.

2 전도에 있어서 성령이 하시는 일

1) 성령의 사역은 무엇인가? (요 15:26, 16:13-14)

> 요한복음 15:26 내가 아버지께로부터 너희에게 보낼 보혜사 곧 아버지께로부터 나오시는 진리의 성령이 오실 때에 그가 나를 증언하실 것이요
>
> 요한복음 16:13-14 13그러나 진리의 성령이 오시면 그가 너희를 모든 진리 가운데로 인도하시리니 그가 스스로 말하지 않고 오직 들은 것을 말하며 장래 일을 너희에게 알리시리라 14그가 내 영광을 나타내리니 내 것을 가지고 너희에게 알리시겠음이라

2) 특별히 전도자를 위해 성령께서 하시는 일은 무엇인가? (행 8:29, 4:31)

사도행전 8:29 성령이 빌립더러 이르시되 이 수레로 가까이 나아가라 하시거늘

사도행전 4:31 빌기를 다하매 모인 곳이 진동하더니 무리가 다 성령이 충만하여 담대히 하나님의 말씀을 전하니라

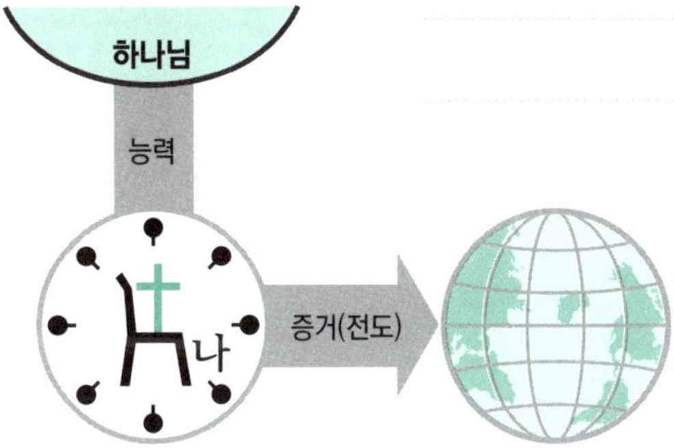

3) 복음을 받아들이는 사람들을 위해서 성령께서 하시는 일은 무엇인가? (고전 2:10-12; 12:3)

고린도전서 2:10-12 10오직 하나님이 성령으로 이것을 우리에게 보이셨으니 성령은 모든 것
곧 하나님의 깊은 것까지도 통달하시느니라 11사람의 일을 사람의 속에 있는 영 외에 누가 알
리요 이와 같이 하나님의 일도 하나님의 영 외에는 아무도 알지 못하느니라 12우리가 세상의
영을 받지 아니하고 오직 하나님으로부터 온 영을 받았으니 이는 우리로 하여금 하나님께서
우리에게 은혜로 주신 것들을 알게 하려 하심이라

고린도전서 12:3 그러므로 내가 너희에게 알리노니 하나님의 영으로 말하는 자는 누구든지 예수를 저주할 자라 하지 아니하고 또 성령으로 아니하고는 누구든지 예수를 주시라 할 수 없느니라

4) 만일 우리가 우리 자신의 능력으로 전도한다면 아무것도 성취할 수 없다. 그러나 성령께서 우리와 함께하신다면, 성령은 전도 받는 사람들에게 반드시 알아야 할 중요한 사실들을 직면하게 하실 것이다. 그 사실들은 무엇인가? (요 16:7-11)

요한복음 16:7-11 7그러나 내가 너희에게 실상을 말하노니 내가 떠나가는 것이 너희에게 유익
이라 내가 떠나가지 아니하면 보혜사가 너희에게로 오시지 아니할 것이요 가면 내가 그를 너
희에게로 보내리니 8그가 와서 죄에 대하여, 의에 대하여, 심판에 대하여 세상을 책망하시리라
9죄에 대하여라 함은 그들이 나를 믿지 아니함이요 10의에 대하여라 함은 내가 아버지께로 가
니 너희가 다시 나를 보지 못함이요 11심판에 대하여라 함은 이 세상 임금이 심판을 받았음
이라

그리스도를 전하면 듣는 사람들은 항상 반응을 한다. 스데반의 경우, 사람들은 그를 거부하고 분노에 가득 차서 결국 그를 죽였다. 또 다른 반응은 그리스도를 영접하며 전도한 사람을 환대하는 경우이다. 어떤 경우에서도 성령의 역사하심은 똑같다. 곧 죄인의 마음속에 죄를 깨닫게 하는 것이다.

5) 하나님께서 성령에 관해 우리에게 무엇을 약속해 주셨는가? (고후 1:21-22)

고린도후서 1:21-22 21우리를 너희와 함께 그리스도 안에서 굳건하게 하시고 우리에게 기름
을 부으신 이는 하나님이시니 22그가 또한 우리에게 인치시고 보증으로 우리 마음에 성령을
주셨느니라

가장 위대한 도전

오래 전 영국에서 해군 군비축소 회의가 열렸다. 영국 왕 조지 5세가 연설하는 중에 어떤 사람이 콜롬비아 방송사의 전선에 걸려 넘어지는 바람에 선이 끊어져 라디오 방송이 끊겼다. 방송 책임자가 재빨리 그 느슨하게 떨어진 선을 맨손으로 꼭 잡아 연결했다. 수리하는 동안 그 상황은 20분간 계속되었다. 그의 손은 조금 탔지만 왕의 연설은 수백만의 청중들에게 전달되었다. 그 책임자의 용기와 인내가 없었다면 왕의 메시지는 청중들에게 전달될 수 없었을 것이다.

왕 중의 왕이신 예수 그리스도는 잃어버린 그리고 죽어가는 세상 사람들에게 구원의 메시지를 전하실 때 사람들을 통해서 하신다. 어떤 대가를 치르더라도 그 메시지는 결코 들어본 적이 없는 사람들에게 전달되어야만 한다. 신실하고 자원하는 모든 그리스도인은 잃어버린 자들에게 왕의 목소리를 전달하는 대사이다.

우리 주님의 부르심에 순종하면 놀라운 상이 보장되어 있다.

"지혜 있는 자는 궁창의 빛과 같이 빛날 것이요 많은 사람을 옳은 데로 돌아오게 한 자는 별과 같이 영원토록 빛나리라"(단 12:3). 성공적인 전도는 성령님의 능력 안에서 예수 그리스도를 전하고 그 결과는 하나님께 맡기는 것이다. 이 위대한 모험에 함께하기를 바란다.

효과적인 전도 방법

아주 탁월한 기독교 지도자인 한 신학자가 나에게 전도의 열매를 맺지 못해 좌절한 이야기를 했다. 나는 그에게 "전도할 때 어떤 이야기합니까?"라고 물었다. 그는 아주 길고 복잡하게 전도 내용을 설명했다. 너무 많은 성경구절을 인용해서 전도 받는 사람들 대부분이 혼란스러워했다고 한다.

나는 그에게 앞으로 30일 동안 매일 사영리 책자를 사용하고 마지막 날에 어떻게 진행되었는지 알려 달라고 했다. 2주 후 그는 기쁨과 감격에 가득 차 있었다. "단지 다른 사람들에게 사영리 책자를 읽어 주기만 했는데 지난 몇 달보다 이번 두 주 동안에 더 많은 사람들이 그리스도께로 나아오는 것을 보았습니다." 라고 말했다.

사영리 소책자는 우리 주 예수 그리스도의 복음을 명쾌하고 단순하게 제시한다. 전 세계 대부분의 국가에서 번역된 이 소책자는 모든 대륙의 국가들과 캠퍼스에서 수많은 대학생들과 평신도 및 목사들 또한 고등학생들을 상담했던 지난 40년 이상의 경험을 바탕으로 만들어졌다.

사영리는 효과적으로 전도하는 한 방법을 보여 준다.

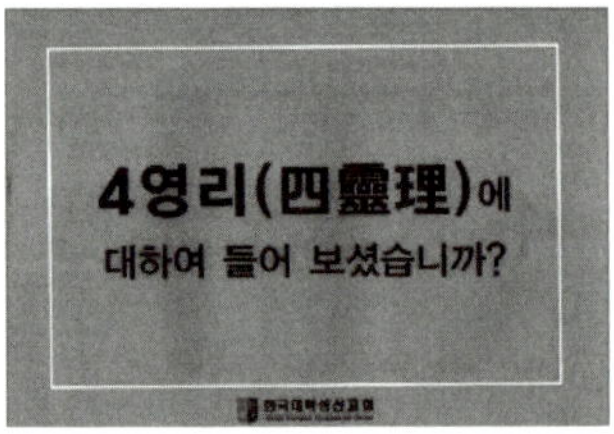

사영리 이용의 장점들

사영리는 여러 가지 장점들이 있다. 여기에 몇 가지를 소개한다.

1. 쉽고 자연스럽게 대화를 시작할 수 있다.
2. 긍정적인 말로 시작한다. "하나님은 당신을 사랑하시며 당신을 위한 놀라운 계획을 가지고 있습니다."
3. 무엇을 어떻게 말해야 할지 알기 때문에 자신감을 갖게 한다.
4. 당신을 항상 준비시켜 주며 본래의 목적과 주제에서 벗어나지 않게 한다.

5. 간결하고 적절하게 전하도록 도와준다.
6. 제시된 기도문이 있어 다른 사람들이 영접 기도하는 것을 도울 수 있다.
7. 교회 출석의 중요성과 성장의 원리들을 제공해 준다.
8. 특별히 중요한 것은 '쉽게 전수할 수 있는 도구'여서 당신이 전도한 사람들도 다른 사람들 역시 전도할 수 있도록 도와준다.

바울은 그의 믿음의 아들 디모데에게 다음과 같이 말하고 있다.

"또 네가 많은 증인 앞에서 내게 들은 바를 충성된 사람들에게 부탁하라 그들이 또 다른 사람들을 가르칠 수 있으리라"(딤후 2:2).

사영리는 그리스도를 영접한 사람들이 그들의 친구들이나 관심을 갖고 있는 사람들에게 곧 바로 복음을 전할 수 있도록 도와준다. 이것은 또한 그들로 그들의 친구들이나 사랑하는 사람들이 어떻게 예수 그리스도를 영접할 수 있는지를 보여 준다.

사영리를 전하기 위한 다양한 접근 방법

당신은 불신자들에게 사영리를 소개할 수 있다. 마음에서 우러나오는 따뜻한 인사를 나눈 후 아래 접근 방법들 중 한 가지를 사용해 보라.

1. "저는 많은 사람들에게 의미가 있었던 한 소책자를 읽었습니다. 그 책자를 당신에게 소개해 주고 싶습니다. 사영리에 대하여 들어보셨습니까?"
2. "영적인 것들을 생각해 보셨습니까?" (잠시 멈추고 대답을 기다린다.) "사영리에 대하여 들어보셨습니까?"
3. "제 친구가 최근에 이 작은 책자를 주었는데 저에게 매우 의미가 있었습니다. 이 책자는 당신에게도 아주 흥미로운 진리들을 알려 줄 것입니다. 사영리에 대하여 들어보셨습니까?"
4. "이 책자의 내용을 통해 수많은 사람들의 삶이 변화되었습니다. 제 생각에는

이 책자는 당신에게도 아주 흥미로울 것이라고 생각합니다. 사영리에 대해 들어보셨습니까?"

5. "이 소책자는 성경 다음으로 전 세계에서 가장 많이 인쇄되었습니다. 함께 읽어 보시겠습니까?"

6. 한 사람과 짧은 시간밖에 대화할 수 없을 경우 당신이 사용할 수 있는 직접적인 접근 방법이 있다. "당신이 오늘 죽는다면 천국에 갈 수 있다는 것을 확신할 수 있습니까?"

'그렇다'고 대답하면 "무슨 근거로 알 수 있습니까? 이 작은 사영리 책자는 당신이 죽을 때 천국에 가게 될 것이라는 것을 확신할 수 있도록 도와줍니다."

'아니오'라고 대답하면 "당신은 천국에 갈 수 있다는 것을 확신할 수 있습니다. 이 소 사영리 책자는 어떻게 그것을 알 수 있는지 설명해 줍니다."

하나님께서 이 소책자를 소개할 수 있는 다른 방법들도 우리에게 알려 주실 것이다. 중요한 것은 사영리를 간결하고 적절하게 전해야 한다는 것이다.

사영리를 효과적으로 사용하는 방법

1. 개개인의 관심과 성령의 인도하심에 민감하게 반응하라. 사영리를 전하는 가장 단순한 방법은 그대로 소리 내어 읽어 주는 것이다. 그러나 기계적으로 읽지 않도록 주의해야 한다. 기억해야 할 것은 단지 원리들을 소개하는 것이 아니라 한 영혼을 그리스도께 인도하고 있다는 사실이다. 사영리는 복음을 좀 더 효과적으로 전할 수 있도록 하기 위한 도구일 뿐이다. 당신을 통해 하나님의 사랑이 전달되도록 기도하라.
2. 만일 상대방이 주제에서 벗어난 질문을 할 때는 본 책자를 계속 읽어 나가는 동안에 해답을 얻을 것이라고 설명해 주라. 또는 이렇게 말해도 좋다. "참 좋은 질문입니다. 사영리를 다 읽은 후에 그 질문에 대해 이야기해 봅시다."

3. 전도 대상자에게 민감하라. 상대방이 아무런 반응도 보이지 않고 있다면 중단하고 “이해가 되십니까?” 하고 물어보라.
4. 상대방에게 잘 보이도록 사영리를 손에 들고, 읽는 곳을 연필로 가리키라. 이것은 상대의 주의를 집중시키는 데 도움이 된다.
5. 모임에서는 각 사람에게 사영리를 한 권씩 나눠 주라. 그리스도를 영접하기 원하는 사람들과 기도하라. 관심을 보이는 사람이 있으면 그와 따로 만나서 이야기하는 것이 좋다. 각 사람이 믿음을 통해 그리스도가 그들의 삶 속에 들어오신다는 것을 이해시키라. 그리스도께서 응답하실 것임을 믿지 않고 기도하면 아무런 일도 일어나지 않을 것이다. 또한 상대방이 개인적으로 기도하기를 원하는지, 사영리에 나오는 기도문으로 기도하기 원하는지 미리 물어보라. 어떤 사람은 조용히 기도하기를 원할 것이다.
6. 이미 사영리를 들어 본 사람이라면 사영리에 대해 어떻게 생각하는지, 또는 그것에 대해 질문이 있는지를 물어보라. 만일 관심이 있으나 복음을 정확히 이해하지 못하고 있다면 사영리를 다시 읽어 주라.
7. 첫 만남에서 그리스도를 영접하지는 않았지만 관심이 있다면 다시 만날 약속을 하라. 그리고 『사랑하는 형에게』라는 편지를 주어 읽어 보게 하라.
8. 그를 위해 기도하라. 할 수 있으면 다시 연락하여 나눴던 대화에 대해 더 생각해 보았는지, 궁금한 것은 없는지 물어보라.
9. 상대방이 그리스도를 영접했든 하지 않았든 『사영리』나 『사랑하는 형에게』를 전해 주라. 수백만의 사람들이 이것을 읽고 그리스도를 영접했다.

적용

1. 이 과에서 당신에게 가장 의미 있는 것은 무엇인가?

2. 하나님께서 당신이 전도하기를 바라시는 세 사람 이상의 이름을 적어 보라.

(1)

(2)

(3)

3. 성령께서 이 사람들을 미리 준비시켜 주시고 그들이 그리스도를 구주로 영접할 수 있도록 그들의 마음을 변화시켜 주시도록 기도하라. 적절한 시간에 성령께서 그들을 당신에게 인도해 주시고 그들에게 예수 그리스도를 전할 수 있게 해달라고 요청하라. 전도할 때 영적 진리를 드러내며 상대방의 마음을 강하게 움직이시는 분이 바로 성령이라는 사실을 기억하라.

외울 말씀 요한복음 15:26-27

내가 아버지께로부터 너희에게 보낼 보혜사 곧 아버지께로부터 나오시는 진리의 성령이 오실 때에 그가 나를 증언하실 것이요 너희도 처음부터 나와 함께 있었으므로 증언하느니라

읽을 말씀 에베소서 5-6장